Flowers in Love

Flowers
in Love

Moniek Vanden Berghe

Fotografie / Photography:
Kurt Dekeyzer

STICHTING KUNSTBOEK

Passie voor bruidswerk

Bruidswerk neemt een heel belangrijke plaats in je floristieke vormgeving in. Kan je ons vertellen waarom?

Bruidswerk is voor mij een passie. Een passie die ik trouwens met veel collega's deel. Ik hou van detailwerk, van heel persoonlijk werk. Bruidswerk moet echt op maat gemaakt worden, moet aangepast worden aan de persoon. Het is heel belangrijk de bruid op voorhand te zien, te weten welk type ze is, hoe ze beweegt, welke kleur van ogen en welk kapsel ze heeft… Bovendien ben ik ook erg geboeid door mode, de bijzondere snit van een bruidskleed kan me echt inspireren. De kleur van de jurk zien is ook heel belangrijk: beige bestaat in een hele variatie aan tinten…
Ik zie een bruidsboeket als de finishing touch van de bruid. Het is als het ware een opvallend plantaardig juweel dat de persoonlijkheid van de bruid accentueert.
Ik hou ervan te experimenteren met andere manieren van dragen. Niet het klassieke – op de hand – boeket, maar bloemen over de arm, de pols, aan de vinger, als tasje…
Ook hierbij is het belangrijk om zeer persoonlijk te werken: voelt de toekomstige bruid zich wel comfortabel met de andere manier van dragen? Een vrouw die nooit een handtas draagt, kan beter op haar trouwdag ook geen tasje dragen. Ik wil dat de bruid dat ook op voorhand uittest. Hoe voelt het dragen van het boeket, tasje… aan? Het geeft me ook de zekerheid dat het bruidswerk op de dag zelf op de juiste manier gedragen wordt.
Bruidswerk geeft je bovendien de kans om inhoud te geven aan je werk. Er kunnen symbolen in de floristieke vormgeving verwerkt worden, symbolen die voor beide partners belangrijk zijn. Bruidswerk is iets ritueels. Een bruid zonder bloemen is voor mij geen bruid.
Bruidswerk staat in het teken van de liefde en moet dus ook met veel liefde gemaakt worden.

Passion for bridal work

Bridal work takes a very important place in your floristic designs. Can you tell us why?

Bridal work is a passion for me, as for so many of my colleagues. I love the detailed and very personal work. More than any other floral work, it really has to be made to measure, has to be adapted to the person. Therefore it's very important to meet the bride in advance, to know which type of person she is, how she moves, what colour her eyes are and which haircut she has… Furthermore I am also very interested in fashion: the special cut of a wedding dress can really inspire me. Also the colour of the dress is very important: there are so many different shades of beige… In my point of view the bridal bouquet is the finishing touch to the bride, as if it were a striking vegetal jewel that accentuates her personality. I like to experiment with different ways of carrying a bouquet. Not the classic – hand-held – bouquet, but flowers on the arm, wrist, finger, as a purse… Again it is important to work on a very personal level: does the bride-to-be feel comfortable with this way of carrying? A woman who never carries a purse shouldn't wear one on her wedding day. I also want the bride to try that out before her big day. How does it feel to carry the bouquet, purse…? That gives me the certainty that my creation will be carried correctly on the day itself. Bridal work furthermore allows you to add content to your work. You can incorporate symbols into the floristic design, symbols that are important to both partners. Bridal work has something ritual. A bride without flowers is not a real bride to me.
Bridal work is all about love and therefore has to be created with a lot of love.

How do you proceed for this kind of work?

In order to make a good bridal bouquet, I always take the time for an extensive interview with the bride and groom. I make a filing

Hoe ga je te werk voor dit soort werk?

Aan een goed bruidsboeket gaat altijd een uitgebreid interview met de bruid en de bruidegom vooraf. Ik maak een fiche op met informatie over de bruid en de bruidegom, over hun voorkeur van bloemen, van kleuren, over hun verwachtingen van het bruidswerk. Zo tast ik de smaak van beiden af. Het kan soms echt een puzzelstuk worden tussen twee heel verschillende smaken, maar ik vind dat zowel bruid als bruidegom van het stuk moeten houden. Aan de bruidegom vraag ik ook om een fiche in te vullen met karaktertrekken van de bruid. Op die manier kan ik het werk diepte, intensiteit meegeven.
Ik begin steevast met een schets van het bloemwerk op een foto of kopie van het bruidskleed. Zo kan ik me effectief een idee vormen van wat mooi bij de jurk en bij de bruid past.
Ieder boeket wordt iets unieks want geen twee vrouwen zijn gelijk – ook al zouden ze nog dezelfde jurk dragen – en zeker geen twee koppels zijn gelijk.
Bruidswerk moet heel persoonlijk zijn, het moet voldoen aan de smaak van de bruid en bruidegom, het moet veilig zijn zowel voor de jurk als voor de bruid zelf en het moet perfect afgewerkt zijn. Maar ik vind het ook heel belangrijk om seizoensgebonden te werken: een huwelijk in de winter met zonnebloemen, een bruid in de zomer met tulpen… Het zou theoretisch wel kunnen, maar ergens klopt er iets niet.

Bruidswerk kan nog zoveel meer zijn dan een bruidsboeket.
Er is ook de versiering van de wagen, de kerk, de bruidskindjes, corsages, boutonnières…

Als er een bruidsstoet is, moet je daar rekening mee houden. Als er bruidskindjes zijn, dan kunnen die soms het uitgangspunt zijn voor de kleur van het totale bruidswerk. De jurk van de bruid is meestal neutraler dan de kledij van de bruidskindjes. Als ze bijvoorbeeld in het oranje gekleed gaan, kan er moeilijk met een roze bruidsboeket gewerkt worden. Vorm en bloemkeuze van de bloemwerkjes van de kinderen lopen dus parallel met die van het bruidsboeket. Ik vind het niet zo evident om iets voor kinderen te maken. Het moet boeiend en aantrekkelijk zijn voor de kinderen,

card with information about them both, about their preferences for certain flowers and colours and about their expectations about the bridal work. This gives me an insight in both their tastes. It can become quite a puzzle between two very different tastes, but I think both the bride and the groom should love the piece. I also ask the groom to fill in a list of characteristics of the bride. This gives me the opportunity to give the work some depth and intensity.
I always start out by making a sketch of the floral work onto a photograph or copy of the wedding dress. This gives me an idea of what kind of bouquet would best suit both the dress and the bride. Every bouquet turns out to be one of a kind, because no two women are the same – even if they would wear the same dress – and certainly no two couples are the same.
Bridal work should be very personal, it should meet with the taste of the bride and groom, it should be safe to both the dress and the bride and it has to be perfectly finished off. But I also find it very important to work according to the seasons. A winter marriage with sun flowers, a summer bride with tulips… would theoretically be possible, but something would feel wrong.

Bridal work can be so much more than a bridal bouquet.
There's also the decoration of the car, the church, the bridesmaids and flower girls, corsages, buttonholes…

If there is a wedding procession, you have to take that into account as well. If there are flower girls and bridesmaids, their outfits can be the starting point for the colour of the total bridal work. The dress of the bride is usually more neutral than the clothes of the flower girls and bridesmaids. If they are e.g. dressed in orange, you cannot work with a pink bridal bouquet. The form and choice of floral works for the children are therefore parallel with those of the bridal bouquet. I never find it very easy to make something for children. It has to be interesting and attractive for the children, light and safe, but preferably also as sturdy as possible so it cannot be ruined. Flowers also have a right to respect. The corsages of the women are adapted to the woman and her outfit. The buttonholes of the men go back to an ancient tradition: the former carnation or gardenia in the buttonhole. I like to continue that tradition: sober and compact. For the

licht en veilig, maar liefst ook zo stevig mogelijk zodat ze het niet kapot kunnen maken. Bloemen hebben toch ook recht op respect. De corsages van de vrouwen worden specifiek aangepast aan de vrouw en aan haar kledij. De boutonnières stammen uit een oude traditie: de vroegere anjer of gardenia in het knoopsgat. Ik wil het graag in die traditie verder laten lopen: sober en compact. Voor de bruidegom is het aangepast aan het bruids-boeket, voor de andere mannen is het eerder iets neutraals. Kerkversiering is inspelen op ruimte en vormelementen in de architectuur. Voor de kerk kies ik meestal zeer lichte, neutrale kleuren. Kerk en boeket zijn voor mij meestal twee aparte dingen. De bruidswagen decoreren is inspelen op de vormgeving van de auto en eventueel ook aanpassen aan de vormgeving van de kledij en het bloemstuk.

Een totale bruiloft versieren vergt een enorme voorbereiding en ook een soort regie. Als je wil dat het een smaakvolle vertoning wordt, is het belangrijk om een handleiding mee te geven van hoe de bloemen door iedereen gedragen worden en hoe ze zo lang mogelijk onberispelijk kunnen blijven.

Welke materialen, kleuren zijn voor jou van belang?

Ik heb niet echt een voorkeur voor bepaalde bloemen of planten. Elke bloem heeft namelijk zijn eigen intrinsieke waarde. De tulp bewonder ik om haar soepelheid, de lelie om de zuivere vorm… Alle bloemen hebben wel een of andere bijzondere eigenschap en geen een is dus minder waard dan een andere. Voor bruidswerk probeer ik zoveel mogelijk in te spelen op de smaak van het bruidspaar, maar een aantal bloemen komen toch steeds terug: rozen hebben iets symbolisch, ze bloeien van binnen uit naar buiten. Bovendien zijn rozen voor de kleur ook heel belangrijk. Rozen hebben een zeer rijk kleurenpalet. Orchideeen zijn erg verfijnd, hebben bovendien een lichte structuur en kunnen lang zonder water. Ranonkels zijn zeer geliefd in de lente omdat ze het voorjaarsgevoel weerspiegelen. Calla's zijn zeer sier-lijk van vorm. Anthuriums zijn licht en kunnen ook lang zonder water. In de zomer wordt veel gewerkt met fijne zomerbloemen. Ik werk heel graag met fijne en lichte materialen: Clematis-pluizen, ranken, vruchtjes…

groom it is adapted to the bridal bouquet, for the other men it is more neutral.
When decorating you have to take advantage of space and form elements in the architecture. For the church I mostly choose very light, neutral colours. I usually treat the church and the bouquet as two separate things.
Similarly, decorating the bridal car is taking advantage of the design of the car and possibly also adapt that to the design of the clothes and the bouquet.
To decorate a complete wedding requires a huge preparation and also some sort of direction. When you want it to be a tasteful show, it is important to give a manual of how the flowers have to be carried by everyone and how they can remain immaculate for as long as possible.

Which materials and colours are important to you?

I don't really prefer certain flowers or plants to others. Every flower has its own intrinsic value. I admire the tulip for its sup-pleness, the lily for its pure form… Every flower has some special characteristic and there isn't one that's inferior to another. For bridal work I try to follow the taste of the bridal couple as much as possible, but a few flowers always come back. Roses e.g. have something symbolic, they bloom from the inside out. Furthermore they are important because of their colour: they have a very extensive colour pallet. Orchids are very refined, have a light structure and are moreover able to survive a long time with-out water. Turban buttercups are much loved during springtime, because they reflect that spring feel. Calla lilies are very elegant in form. Anthuriums are light and can also survive a long time with-out water. In the summer I often work with fine sunflowers. I like working with fine and light materials: clematis fluff, shoots, fruits…

Is there an evolution in the bridal work?

I believe there are two tendencies in bridal work. On the one hand there is the classical bouquet and the creative variants to that and

Zit er een evolutie in het bruidswerk?

Volgens mij zijn er twee tendensen in bruidswerk. Enerzijds is er het klassieke boeket en de creatieve varianten daarop en anderzijds is er de totaal andere vormgeving onder invloed van wat mensen willen. En daar zijn dus ontzettend veel mogelijkheden. Ik vermoed dat er onder invloed van mijn experimenten veel veranderd is op vlak van bruidswerk en dat Vlaanderen echt wel een trendsetter geworden is op vlak van stijlvolle en zeer draagbare bruidsboeketten. Vlamingen zoeken iets moois, iets sereens. Dit is ook een van de redenen waarom ik er zo graag een boek over wou maken. Eens laten zien dat er veel meer mogelijk is dan het klassieke bruidsboeket en dat je in overleg met de bruid en bruidegom iets helemaal anders kan maken dat perfect draagbaar is.

Op welke manier ben je van start gegaan in het bloemenvak?

Ik ben eigenlijk pas later in het bloemenvak terecht gekomen. Voordien was ik grafisch vormgever. Tijdens vernissages van schilderijententoonstellingen kreeg ik vaak boeketten en ik vond die absoluut niet mooi. Ik vind dat je het aan de bloemen verschuldigd bent om er iets moois mee te maken. Dus besloot ik om zelf met bloemen te gaan werken.
Ik volgde de opleiding voor florist bij IMOV-Gent (het huidige Syntra) en kwam er onder de hoede van Marc Derudder. Voor de Belgische bloemsierkunst als geheel en voor mij persoonlijk is Marc Derudder een heel belangrijk figuur geweest. Hij was vooral een inspirerende kracht in het bloemenvak.
Onverwacht begon ik in die tijd ook met een bloemenwinkel *Cleome* in Waarschoot. Ondertussen is de winkel uitgegroeid tot een klein centrum voor floristieke vormgeving en bevindt de activiteit zich in Lembeke.
Mijn huidig werk situeert zich tussen vormgeving en floristiek. Ik teken en schets veel en vind vormgeving naast de materialen in de floristiek heel erg belangrijk. Iets verfijnds creëren is mijn doelstelling. Dit is ook een van de redenen waarom ik nooit aan wedstrijden deelneem. Met grote massa's bloemen werken ligt me minder. Ik hou niet van overvloed, ik verkies detailwerk.

on the other hand there is a totally different design, influenced by what people want. And there are many different possibilities. I assume that my experiments have set off a lot of changes in bridal floristry and that Flanders has become a real trendsetter in the creation of stylish and very wearable bridal bouquets. Flemings are looking for beauty and serenity. And that's one of the reasons why I longed so much to make this book. I wanted to show that there are more possibilities than the classic bridal bouquet and that in consultation with the bride and groom you can create something very different but still perfectly wearable.

How did you get started in this business?

I didn't start out as a florist right away. Initially I worked as a graphic designer. At many opening nights of painting exhibitions I received bouquets, which I didn't like at all. I've always thought that you owe it to the flowers to create something beautiful with them. Therefore I decided to start working with flowers myself. I trained as a florist at IMOV-Gent (nowadays known as Syntra), where Marc Derudder took me under his wings. For the Belgian floristry as a whole and for me personally Marc Derudder has been very important. He was above all a source of inspiration in floristry.
In those days I also started – totally unexpected – my own flower shop *Cleome* in Waarschoot. Nowadays the shop has become a small centre for florist design, located in Lembeke.
Today my work is situated in between design and floristry. I still draw and sketch a lot and next to floristry I also find the design to be very important. My goal is to create something refined. This is also one of the reasons why I never want to take part in competitions. Working with enormous masses of flowers is not my cup of tea. I don't like abundance, I prefer detail.

We often see you at national and international workshops, demonstrations, theme nights…

Passing on and sharing knowledge and technique is very important to me. New angles and ideas are necessary in order to be

We komen je wel vaak tegen op nationale en internationale workshops, demonstraties, thema-avonden…

Het doorgeven en delen van kennis en technieken vind ik heel belangrijk. Nieuwe invalshoeken en ideeën zijn noodzakelijk om steeds opnieuw te kunnen uitpakken met verrassend en innovatief bloemwerk. Het is ook voor mezelf verrijkend om tijdens die workshops en demonstraties in binnen- en buitenland andere collega's aan het werk te zien.
Internationale voorbeelden voor mij zijn Gregor Lersch, Jan & Lucia Van Doesburg, Pujari Plattel en Andy Goldsworthy.

Waaruit haal je de meeste inspiratie voor je werk?

Behalve uit de natuur zelf haal ik ook veel uit de kunst. Architectuur, beeldhouwkunst, keramiek, poëzie, dans, theater, film…: overal ontdek je nieuwe impulsen. Af en toe heb ik het trouwens eens nodig om puur artistiek bezig te zijn. Nu en dan doe ik wel eens mee aan exposities samen met beeldhouwers, fotografen…

Heb je nog verdere dromen die je vervuld wil zien?

Ik droom altijd van meer tijd. Tijd om te schetsen, om nieuwe inspiratie op te doen, om puur creatief bezig te zijn…

able to impress with surprising and innovative floristry. It is also very enriching for me to meet national and international colleagues while they're working at workshops and demonstrations. International examples of mine are Gregor Lersch, Jan & Lucia Van Doesburg, Pjuari Plattel and Andy Goldsworthy.

Where do you find the most inspiration for your work?

Except from nature itself I also draw a lot from art. Architecture, sculpture, ceramics, poetry, dance, theatre, film…: there are new impulses everywhere. Every now and then I need to be purely artistic. Then I take part in exhibitions, together with sculptors, photographers…

Do you have any other dreams you want to come true?

I always dream about having more time. Time to make sketches, to find new inspiration, to be purely creative…

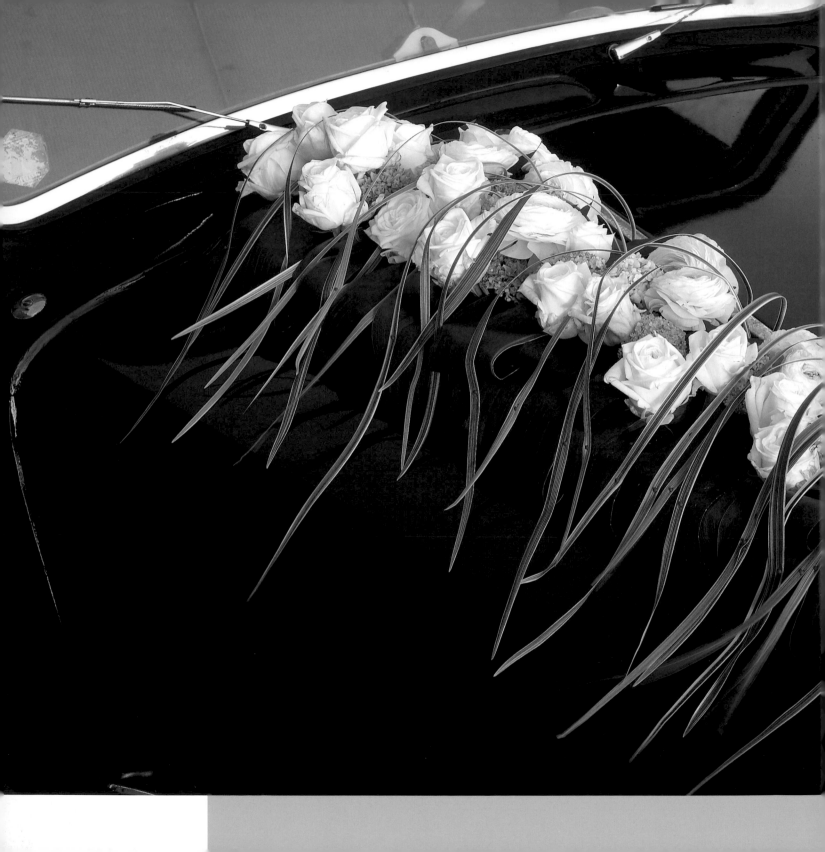

Cordyline
Ophiopogon
Viburnum opulus
Rosa 'Marroussia'
Hydrangea

Rosa 'F green'
Rosa 'Maroussia'
Agave
Viburnum opulus
Ranunculus asiaticus
Hedera
Oreopanax

Allium 'Silver spring'
Jasminum officinale
Rosa 'Cool Water'
Rosa 'Metallina'
Rosa 'Avantgarde'
Ranunculus asiaticus

Smilax
Skimmia
Rosa 'Grand Prix'
Rosa 'Black Baccara'
Anthurium 'Rapido antique'
Cornus
Ranunculus

Salix
Rosa 'Tamango'
Rosa 'Nikita'

Clematis
Rosa 'Black Baccara'
Rosa 'Moreno'
Pernettya
Cobaea
Saxifraga

Anthurium
Salvia
Papaver rhoeas
Rosa 'Clementine'

Vanda 'Orange magic'
Euonymus
Musa ensete

Clematis tangutica
Asclepias fruticosa
Aspidistra
Phaseolus coccineus
Trachelium
Rosa 'Green Arron'
Asparagus asparagoides
Viburnum tinus
Cobaea
Hydrangea

Vanda 'Blue magic'
Salix
Gladiolus hybride

Angelica gigas
Rosa 'Pamela'
Cobaea
Cotinus

Clematis
Sedum
Aesculus
Rosa 'Emerald'
Aristolochia

Vicia cracca
Vanda 'Blue magic'
Lathyrus
Hosta
Asparagus
Rosa 'Vendella'

Clematis
Linaria
Vicia cracca
Rosa 'Vendella'

Salvia
Lathyrus
Stachys byzantina
Rosa 'Vendella'

Gladiolus hybride
Oreopanax

28

Scabiosa
Calystegia sepium
Clematis tangutica
Saxifraga stolonifera

Euanthe sanderiana
Aristolochia
Aralia
Rosa 'Avantgarde'
Rosa 'Green Arron'

Rosa 'Evergreen'   Cotinus coggygria
Rosa 'Black Baccara'   Lonicera
Aristolochia   Clematis tangutica
Sambucus

Cordyline
Cucurbita
Gladiolus
Aralia
Angelica gigas

Rosa 'Ivory'
Cosmos atrosanguineus
Cobaea
Ceropegia
Aralia
Symphoricarpos
Nertera

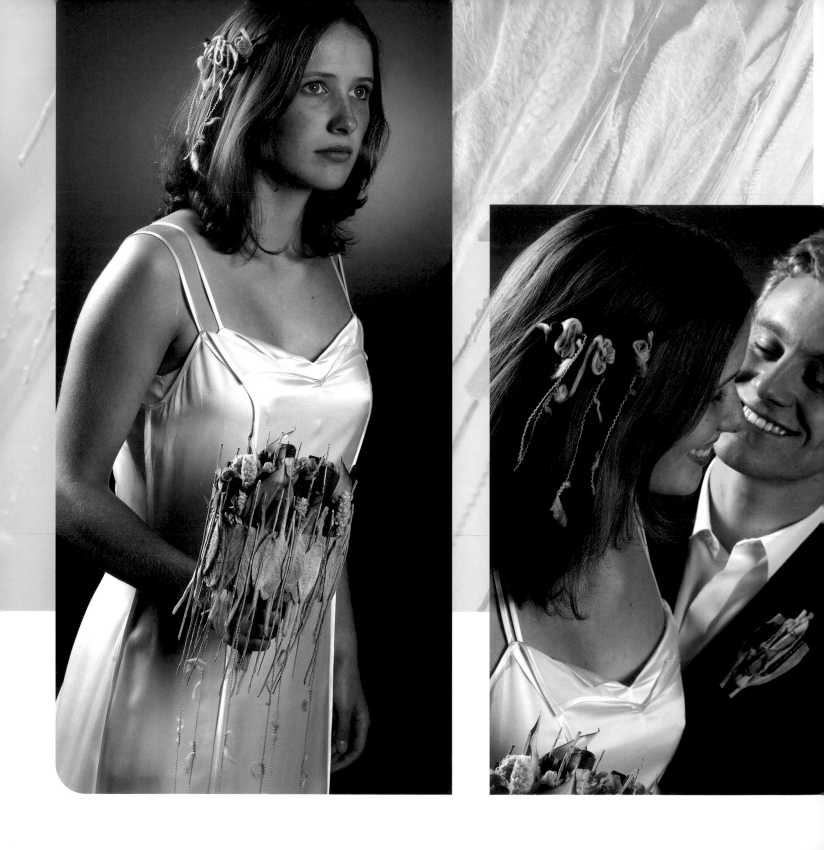

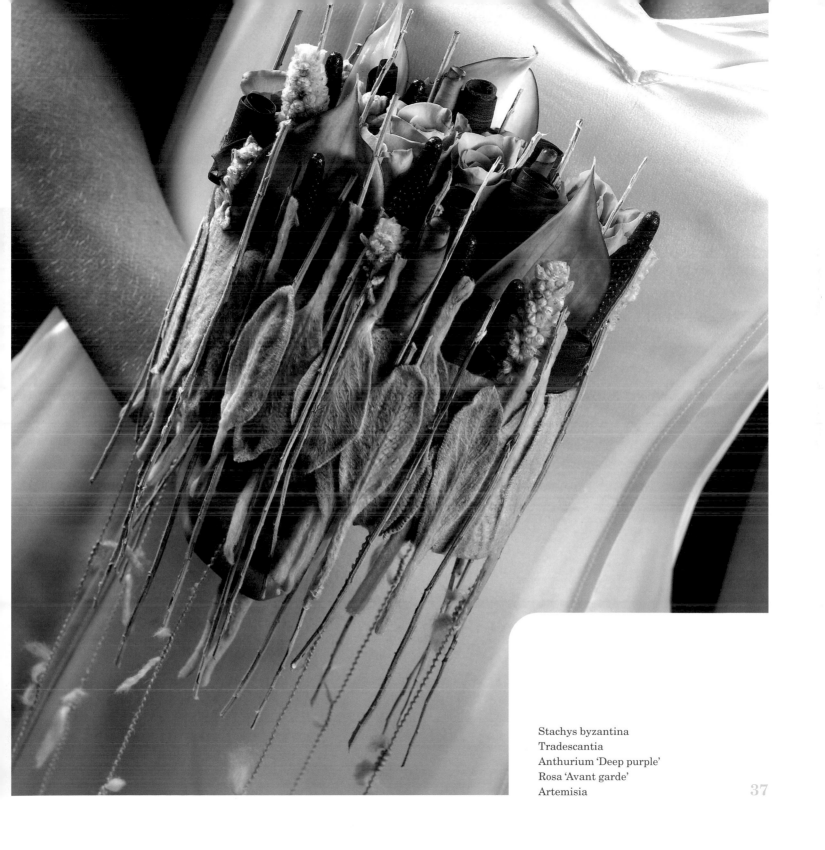

Stachys byzantina
Tradescantia
Anthurium 'Deep purple'
Rosa 'Avant garde'
Artemisia

Zantedeschia
Oreopanax

Calystegia sepium
Zantedeschia
Scabiosa

Cotinus
Rosa 'Emerald'
Anemone pulsatilla
Linaria
Lysimachia
Bromis sterilis

Bromus sterilis
Linaria
Eustoma

Rosa 'Black Baccara'
Cotinus
Rosa chinensis 'Viriditi flora'
Eustoma 'Mariachi Green'
Lysimachia
Rubus fruticosus
Bromus sterilis

Oreopanax
Rhodochiton atrosanguineus

Zantedeschia
Calystegia sepium

Zantedeschia
Oreopanax
Clematis tangutica
Calystegia sepium

43

Spathyphyllum
Nerine
Rosa 'Vendella'

Salix
Rosa 'Akito'

44

Cotinus
Rosa 'Peppermint'
Linaria
Aristolochia
Berries

Dischidia
Rosa 'Osiana'
Asclepias 'Cinderella'
Clematis tangutica

Rosa 'Pamela'
Saxifraga stolonifera

Rosa 'Ivory'
Oreopanax

Rosa 'Akito'
Calocephalus
Stachys byzantina
Dwarf bean 'Purple green'
Rosa 'Eveline'
Digitaria ischaemum

Cordyline
Trifolium
Rosa 'Emerald'

Rosa 'Akito'
Hydrangea
Skimmia

Oreopanax
Rosa 'Akito'
Clematis tangutica
Rivina
Lilium longiflorum

Rosa 'Ivory'
Betula
Oreopanax

Rosa 'Akito'
Rosa 'Vivian'
Vicia tetrasperma
Alchemilla mollis

Spathiphyllum
Rosa 'Akito'
Skimmia
Hydrangea
Vinca major

Dendrobium
Cucurbita
Clematis tangutica
Angelica gigas

Anthurium 'Midori'
Calamus rotang
Clematis tangutica
Rivina

Ranunculus
Pieris
Viburnum opulus
Rosa 'Emerald'
Aspidistra

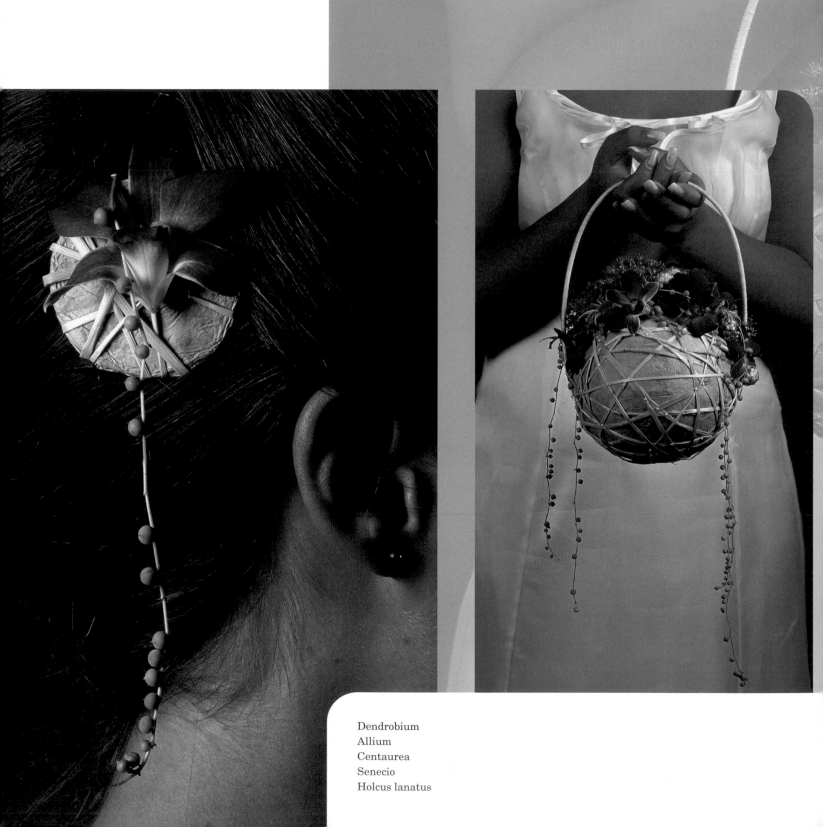

Dendrobium
Allium
Centaurea
Senecio
Holcus lanatus

Dendrobium
Hydrangea
Anemone pulsatilla

Linaria
Sandersonia
Cotinus

60

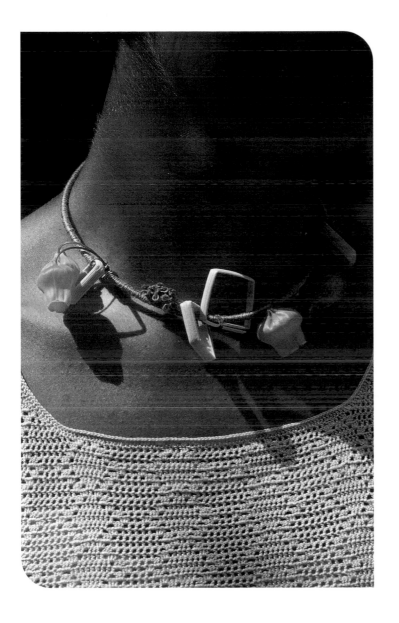

Asclepias fruticosa
Sandersonia aurantiaca
Asclepias 'Beatrice'
Calamus rotang
Rosa 'Vanilla'

Clematis
Helianthus 'Prado red'
Rosa 'Ilios'
Asclepias fruticosa
Cobaea
Aralia
Rubus
Cordyline

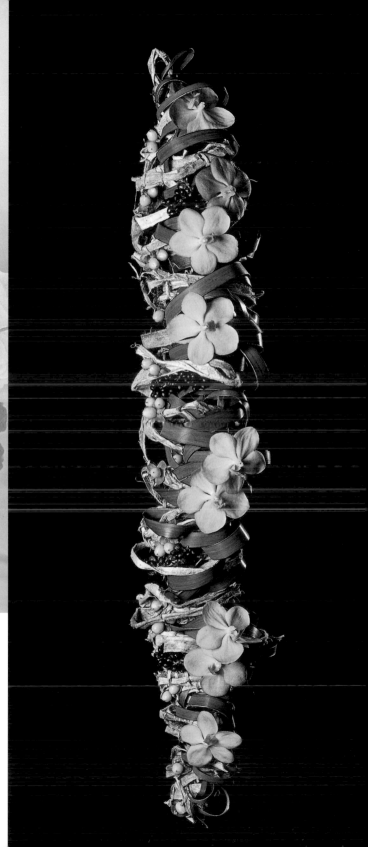

Vanda 'Yellow
Magic'
Phormium
Hypericum
'Honey flair'
Ligustrum

Ranunculus
Rosa 'Vendella'
Echinacea purpurea
Tetraria secans

Vanda 'Red magic'
Vanda 'Orange magic'
Aralia
Cotinus

Dianthus 'Prado Mint'
Lilac de chine
Linaria
Symphoricarpos
Rosa 'Ivory'
Spathiphyllum
Nerine

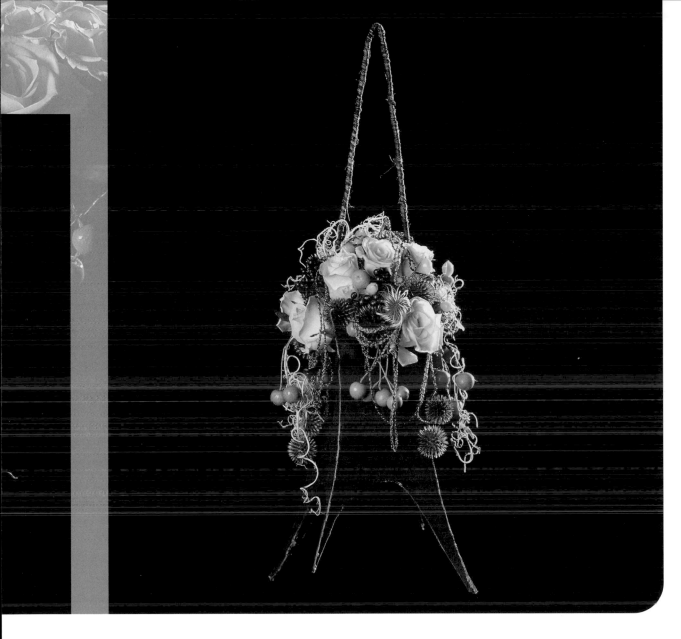

Echinops
Lilac de chine
Viburnum tinus
Hypericum
Clematis
Rosa 'Hollywood'

Anthurium 'Clarinerv'
Rosa 'Ivory'
Vinca major
Cordyline

Rosa 'Emerald'   Rubus
Helianthus   Asplenium
Lilac de chine   Cobaea
Nicandra physalodes Clematis

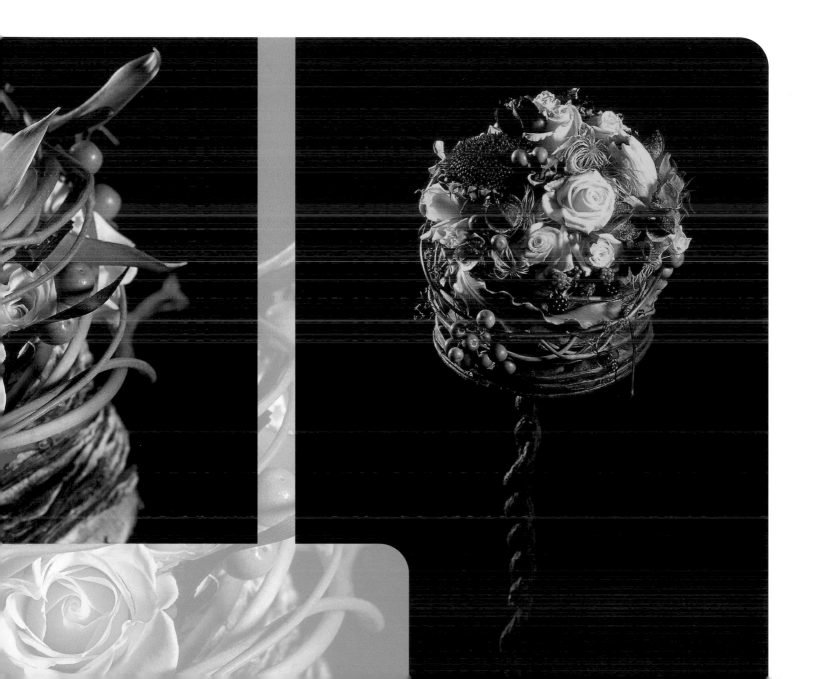

Aristolochia
Rosa 'Passion'
Smilax
Malus
Anthurium 'Red Magic'
Clematis tangutica

Rosa 'blue curiosa'
Phytolacca
Cobaea
Zantedeschia
Helianthus
Pernettya
Ageratum 'Escobar'

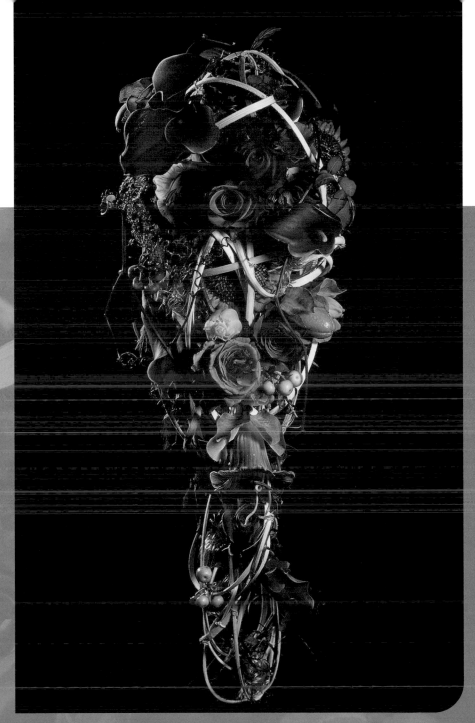

71

Ageratum
Rosa 'Tamango'
Rosa 'Nikita'
Agapanthus

Cotinus
Hypericum
Vanda 'Dark Blue'

73

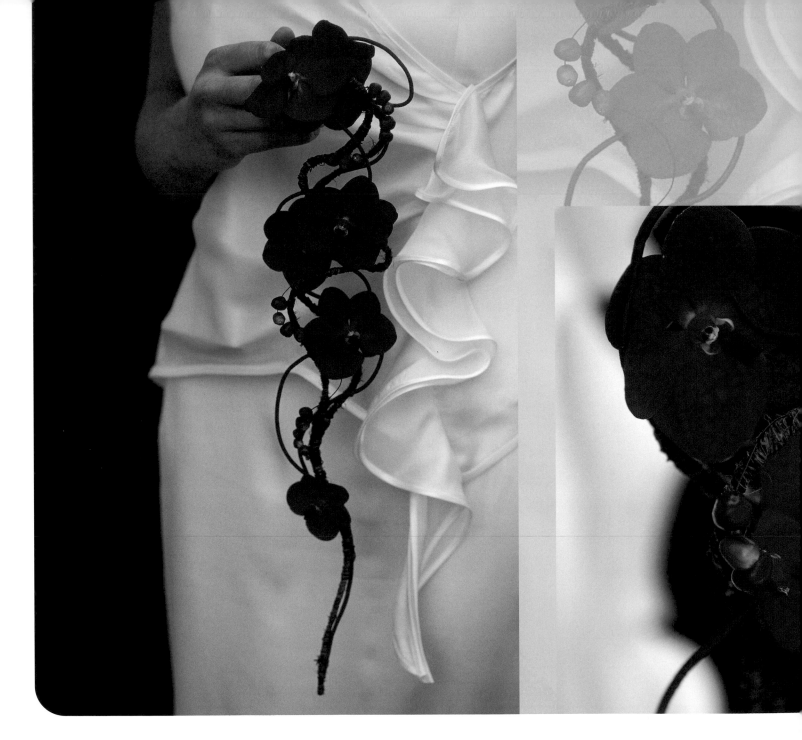

Vanda 'Red magic'
Hypericum

Rosa 'Black Baccara'
Stachys byzantina
Calocephalus
Ampelopsis
Leycesteria formosa

Eustoma
Cornus
Viburnum opulus
Rosa 'Tamango'
Tulipa 'Double prominence'

Ranunculus
Cordyline

Ranunculus
Oreopanax

Dracaena
Ranunculus

Delphinium
Hedera helix
Passiflora
Hydrangea
Ammi visnaga
Vicia cracca
Agapanthus

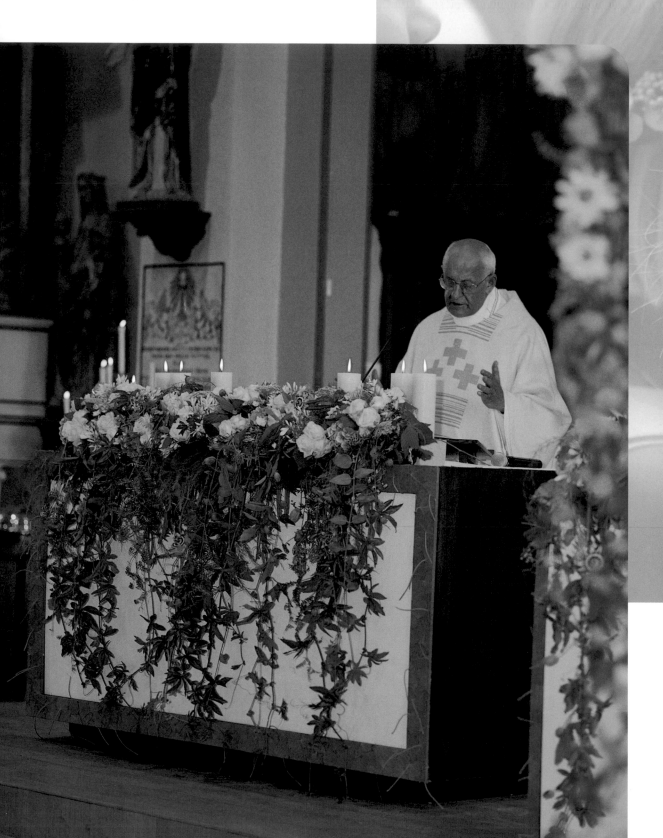

Delphinium
Hedera helix
Passiflora
Hydrangea
Ammi visnaga
Vicia cracca
Agapanthus

Hedera
Rosa 'Evergreen'
Centaurea
Matricaria
Hydrangea

Rosa 'Akito'
Hypericum
Echinops
Oreopanax

Lathyrus odoratus

Polygonum cupsidatum
Anthriscus sylvestris

Rosa 'Akito'
Linaria
Zantedeschia
Clematis
Astilbe
Diplocyclos

Zantedeschia
Bryonia
Clematis
Hydrangea macrophylla
'Ayesha'
Verbascum
Echinops

Clematis
Cordyline
Rhodochiton
Cotinus
Rosa 'Purple symphonie'
Rosa 'Black Baccara'
Rosa 'Milva'
Phalaenopsis

89

Rosa 'Mini Eden'
Holcus lanatus

Linaria
Rosa 'Duende'

Stachys byzantina
Vicia cracca
Leontopodium alpinum
Lathyrus

Schinus molle
Lathyrus
Rosa 'Marrousia'
Calamus rotang
Scabiosa
Aristea confusa

Bromus sterilis
Anthurium 'Snowy'
Sandersonia
Nigella

Anthurium 'Snowy'
Ranunculus asiaticus
Calamus rotang
Senecio
Aristea confusa

Lathyrus
Fritillaria pontica
Helleborus foetidus
Ranunculus

98

Chrysanthemum
Ranunculus
Helleborus foetidus
Calamus rotang

Vanda 'White magic'
Ageratum
Trachelium
Xerophyllum tenax

Rosa 'Akito'
Calystegia sepium
Salix

Hydrangea
Bryonia alba
Lycopersicon esculentum
Salix
Eucharis

Salix
Bryonia
Eucharis
Oreopanax

Eucharis
Bryonia
Oreopanax
Salix

Eucharis
Bryonia

Anthurium 'Snowy'
Ophiopogon

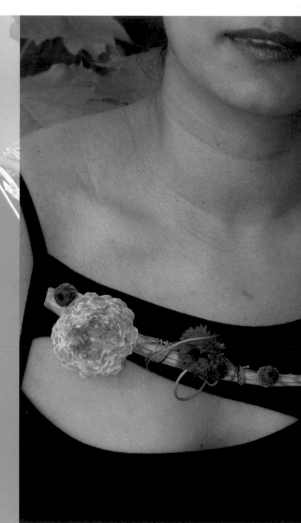

Sansevieria
Centaurea cyanus
Ranunculus 'Cloony salad'
Calystegia sepium

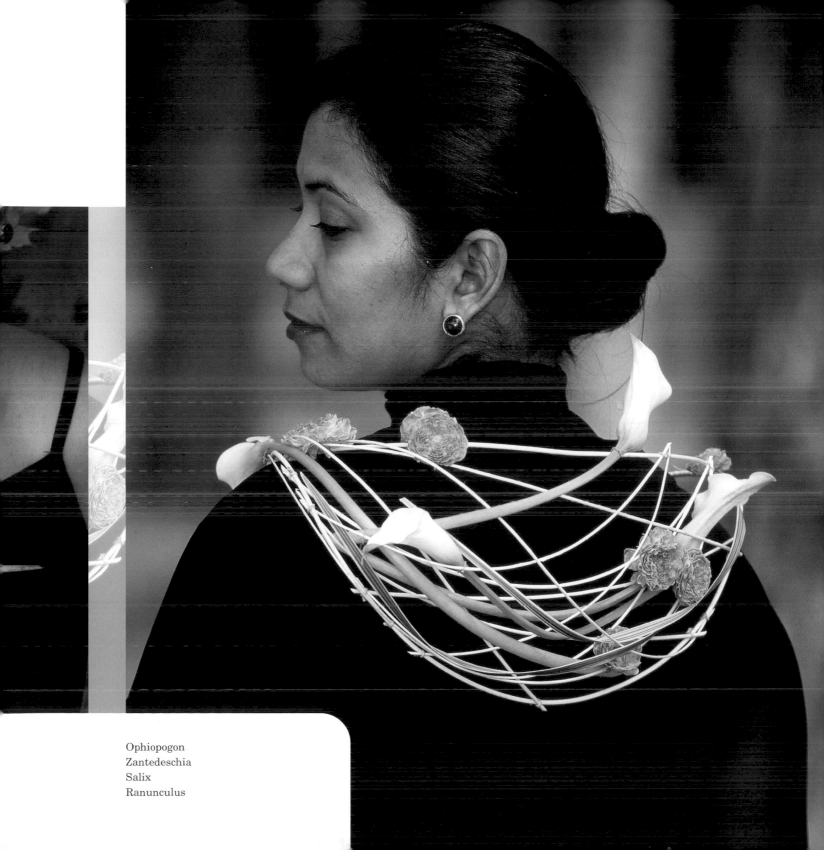

Ophiopogon
Zantedeschia
Salix
Ranunculus

Cambria orchid

Betula
Peperomia
Ranunculus

Cambria orchids
Cobra leaf

Ranunculus 'Cloony salad'
Betula

Oreopanax
Hydrangea macrophylla 'Ayesha'
Calamus rotang

Ranunculus
Oreopanax
Calamus rotang

Rosa 'Purple Symphonie'
Peperomia
Halara

Rosa 'Cool Water'
Ceropegia

Oreopanax
Musa
Lathyrus
Anthurium 'Snowy'

Phalaenopsis
Octopus vinii

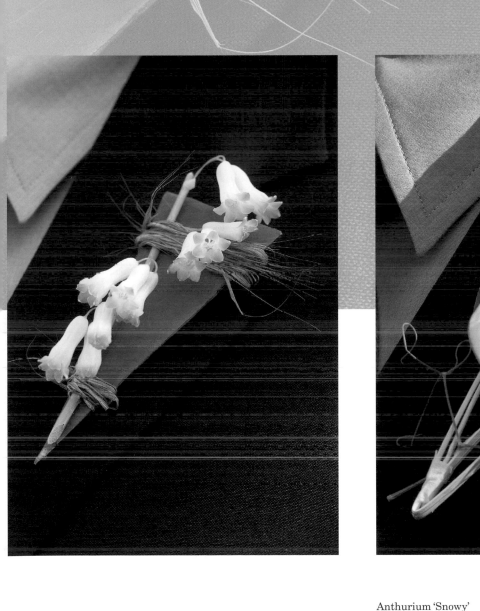

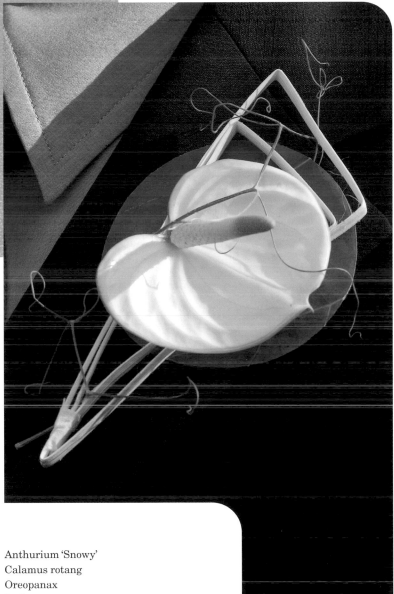

Oreopanax
Polygonatum
Bromus

Anthurium 'Snowy'
Calamus rotang
Oreopanax
Lathyrus

Dank

Kurt: voor de stimulerende, vrolijke samenwerking, het vakmanschap en de perfectie.

Ward: zonder jouw steun, geduld en technische creativiteit was dit project nooit tot stand gekomen.

Mijn familie, alle vrienden en collega's die mij met hun enthousiasme aanmoedigen en steunen.

Bijzondere dank voor de assistentie:
Taki, Sandra, Yukako, Trees, Haruko, Rie, Geneviève, Marian, Sandy, Patricia, Stefanie en Pieter.

Marc Derudder, mijn leraar.

Christel Boone, ontwerpster bruids en feestkledij – Gent / Antwerpen. www.boonechristel.be
Yves Vuylsteke, kapper – Kortrijk
Stefaan Autekie, Garage Citroen – Evergem
Hendrik Colenbier, Graphic Group Van Damme – Oostkamp voor hun inzet en de bijzonder aangename samenwerking.

Modellen:
Fien, Gus, Anne-Catherine, Charlotte, Isabelle, Annick, Ruth, Charmaine, Dirk en Annelies, Axel en Marie, Bas en Siska, Johanna, Charlotte, Katrien, Sandra en Bart, Fee, Matheus, Timpa.

Voor materiële steun en locaties:
Axel en Serge Vanden Bossche, Frank Lambert – Serax
Henri Clijsters, Jan Joris, Chris Martens – Smithers-Oasis
Bart De Rijcke – Dora Flora
Familie De Bleecker – Euroflor
Dave De Swert – Agora
Mariette Vermeire
Jomi Hemschoote – Rekad
Guy en Martine Reyniers
Jan en Fabienne Verplaetse
Pieter en Marie-Ange Boone
Bas en Siska Boone
Jan en Mimi Noe
Patrick en Annie Boelens – Vlatex
Ann Denivel, Jenny De Vleeschauwer, Dian Geerts – PSG

Thanks

Kurt: for the stimulating and cheerful cooperation, his craftsmanship and perfection.

Ward: without your support, patience and technical creativity, this project would never have come about.

My family, friends and colleagues, who always encourage and support me with their enthusiasm.

Special thanks for their assistance:
Taki, Sandra, Yukako, Trees, Haruko, Rie, Geneviève, Marian, Sandy, Patricia, Stefanie and Pieter.

Marc Derudder, my teacher.

Christel Boone, designer bridal dresses – Gent / Antwerp. www.boonechristel.be
Yves Vuylsteke, hairdresser – Kortrijk
Stefaan Autekie, Garage Citroen – Evergem
Hendrik Colenbier, Graphic Group Van Damme – Oostkamp For their effort and the very pleasant cooperation.

The models:
Fien, Gus, Anne-Catherine, Charlotte, Isabelle, Annick, Ruth, Charmaine, Dirk en Annelies, Axel and Marie, Bas and Siska, Johanna, Charlotte, Katrien, Sandra and Bart, Fee, Matheus, Timpa.

For material support and locations:
Axel en Serge Vanden Bossche, Frank Lambert – Serax
Henri Clijsters, Jan Joris, Chris Martens – Smithers-Oasis
Bart De Rijcke – Dora Flora
Familie De Bleecker – Euroflor
Dave De Swert – Agora
Mariette Vermeire
Jomi Hemschoote – Rekad
Guy en Martine Reyniers
Jan en Fabienne Verplaetse
Pieter en Marie-Ange Boone
Bas en Siska Boone
Jan en Mimi Noe
Patrick en Annie Boelens – Vlatex
Ann Denivel, Jenny De Vleeschauwer, Dian Geerts – PSG

Moniek Vanden Berghe

Opleiding: schilderkunst, keramiek en beeldhouwkunst
aan de Stedelijke Academie voor Schone kunsten in Eeklo.
Opleiding O.H. Florist, IMOV, Gent.
1988-1995: lesgeefster aan *Florademie*, St. Truiden.
Deelname aan publicaties:
Meesters van de bloemsierkunst (Stichting Kunstboek, 1993),
Florale Meesterwerken van België (Stichting Kunstboek, 1996)
en *World flower artists* (Thalacker Medien, 1999).
Gastdocente aan verschillende vormingsinstituten.
Demonstraties in België, Nederland, Schotland, Frankrijk, Japan.
Eigen bloemenwinkel *Cleome* (Lembeke), waar ook workshops
en lessen gegeven worden aan vakmensen.
Ontwerp van recipiënten voor floristieke doeleinden.
Opmaak en styling van standen en producten voor bedrijven.
Themacursussen en workshops.

Training: painting, ceramics and sculpting at the Urban
Academy for Fine Arts in Eeklo.
Education: floristry, IMOV, Gent.
1988-1995: teacher at Florademie, St. Truiden.
Participation in the following publications:
Meesters van de bloemsierkunst (Stichting Kunstboek, 1993),
Floral Masterpieces of Belgium (Stichting Kunstboek, 1996)
and *World flower artists* (Thalacker Medien, 1999).
Guest lecturer at different education centres.
Demonstrations in Belgium, the Netherlands, Scotland,
France, Japan.
Own flower shop *Cleome* (Lembeke), where workshops
and classes for professionals are held.
Design of recipients for floristic purposes.
Design and styling of stands and products for companies.
Theme courses and workshops.

Kurt Dekeyzer

Opleidingen: Hotelmanagement aan het Coovi (Centrum voor
onderricht en opzoekingen in de voedingsindustrieën te Brussel)
en Fotografie aan het VZH te Hasselt (laureaat).
Gastdocent aan verschillende vormingsinstituten.
Demonstraties digitale fotografie in Belgie, Nederland,
Zwitserland, Frankrijk.
Oprichter van *Photo Studio Graphics* (PSG), een full-service
bureau met eigen fotostudio en ontwerpafdeling.
Huisfotograaf voor o.a. de tijdschriften *Fleur Creatief, Fleur
Magazine, Hobbytuin magazine, Trends & Inspiration (Floart)*, ...
Publicaties in boeken: *Meesterbinders Onverbloemd, Adenium,
World Flower Artist, Invitations, Emotions.*
Winnaar Floriade 2002 'Feel the art of nature' (wedstrijd
voor internationale beroepsfotografen met specialiteit tuin
& landschapsfotografie).

Training: Hotel management at Coovi in Brussels and
Photography at the VZH in Hasselt (laureate).
Guest lecturer at different training institutes.
Demonstrations of digital photography in Belgium,
the Netherlands, Switzerland, France.
Founder of *Photo Studio Graphics* (PSG), a full-service bureau
with own photo studio and design department.
House photographer for amongst other the magazines
*Fleur Creatief, Fleur Magazine, Hobbytuin magazine,
Trends & Inspiration (Floart)*, ...
Publications in books: *Meesterbinders Onverbloemd, Adenium,
World Flower Artist, Invitations, Emotions.*
Winner of Floriade 2002 'Feel the art of nature' (a competition
for international professional photographers specialized
in garden and landscape photography).

Creaties / Creations
Moniek Vanden Berghe
Gravin Mad. d'Alcantaralaan 120
B-9971 Kaprijke (Lembeke)
Tel.: +32 9 378 08 78
E-mail: Cleome@pandora.be
Internet: www.cleome.be

Fotografie / Photography
Kurt Dekeyzer
Heidestraat 18
B-3470 Kortenaken
Tel.: +32 11 22 09 95
E-mail: kurt.dekeyzer@psg.be

Tekst / Text
An Theunynck

Eindredactie / Final editing
Femke De Lameillieure

Vertaling / Translation
Femke De Lameillieure

Vormgeving & fotogravure / Layout & photogravure
Graphic Group Van Damme bvba, Oostkamp

Druk / Printed by
Graphic Group Van Damme bvba, Oostkamp

Een uitgave van / Published by
Stichting Kunstboek bvba
Legeweg 165
B-8020 Oostkamp
Tel.: +32 50 46 19 10
Fax: +32 50 46 19 18
E-mail: info@stichtingkunstboek.com
Internet: www.stichtingkunstboek.com

ISBN: 90-5856-161-5
D/2005/6407/1
NUR: 421

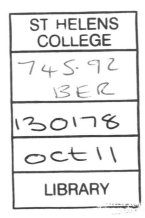